SUN	MON	TUE	WED	THU	FRI	SAT

JAN	FEB	MAR	APR	MAY	JUN	JUL	AUG	SEP	OCT	NOV	DEC

1	2	3	4	5	6	7	8	9	10	11	12	13	14	15	16	17	18	19	20	21	22	23	24	25	26	27	28	29	30	31

MEETING TOPIC:

I0474733

ACTION ITEMS	NOTES

SUN	MON	TUE	WED	THU	FRI	SAT

JAN	FEB	MAR	APR	MAY	JUN	JUL	AUG	SEP	OCT	NOV	DEC

1	2	3	4	5	6	7	8	9	10	11	12	13	14	15	16	17	18	19	20	21	22	23	24	25	26	27	28	29	30	31

MEETING TOPIC:

ACTION ITEMS	NOTES

A	B	C	D	E	F	G	H	I	J	K	L	M	N	O	P	Q	R	S	T	U	V	W	X	Y	Z
			20										12				14	22							

_   _ _ _ _ _ N _   _ S   _ N   _ _ _ N _   _ _ _ R _
10   15 9 9 26 18 12 4   18 22   10 12   9 17 9 12 26   5 16 9 14 9

_ _ N _ _ _ S   _ R _   _ _ _ _   _ N D   _ _ _ R S
15 18 12 25 26 9 22   10 14 9   23 9 24 26   10 12 20   16 8 25 14 22

_ R _   _ _ S _ .
10 14 9   1 8 22 26

SUN	MON	TUE	WED	THU	FRI	SAT

JAN	FEB	MAR	APR	MAY	JUN	JUL	AUG	SEP	OCT	NOV	DEC

1	2	3	4	5	6	7	8	9	10	11	12	13	14	15	16	17	18	19	20	21	22	23	24	25	26	27	28	29	30	31

MEETING TOPIC:

ACTION ITEMS	NOTES

SUN	MON	TUE	WED	THU	FRI	SAT

JAN	FEB	MAR	APR	MAY	JUN	JUL	AUG	SEP	OCT	NOV	DEC

1	2	3	4	5	6	7	8	9	10	11	12	13	14	15	16	17	18	19	20	21	22	23	24	25	26	27	28	29	30	31

MEETING TOPIC:

ACTION ITEMS	NOTES

SUN	MON	TUE	WED	THU	FRI	SAT

JAN	FEB	MAR	APR	MAY	JUN	JUL	AUG	SEP	OCT	NOV	DEC

1	2	3	4	5	6	7	8	9	10	11	12	13	14	15	16	17	18	19	20	21	22	23	24	25	26	27	28	29	30	31

MEETING TOPIC:

ACTION ITEMS	NOTES

SUN								MON									TUE									WED					

SUN	MON	TUE	WED	THU	FRI	SAT

JAN	FEB	MAR	APR	MAY	JUN	JUL	AUG	SEP	OCT	NOV	DEC

1	2	3	4	5	6	7	8	9	10	11	12	13	14	15	16	17	18	19	20	21	22	23	24	25	26	27	28	29	30	31

MEETING TOPIC:

ACTION ITEMS	NOTES

I always arrive late, but I make up for it by leaving early.

-Charles Lamb

SUN	MON	TUE	WED	THU	FRI	SAT

JAN	FEB	MAR	APR	MAY	JUN	JUL	AUG	SEP	OCT	NOV	DEC

1	2	3	4	5	6	7	8	9	10	11	12	13	14	15	16	17	18	19	20	21	22	23	24	25	26	27	28	29	30	31

MEETING TOPIC:

ACTION ITEMS	NOTES

SUN	MON	TUE	WED	THU	FRI	SAT

JAN	FEB	MAR	APR	MAY	JUN	JUL	AUG	SEP	OCT	NOV	DEC

1	2	3	4	5	6	7	8	9	10	11	12	13	14	15	16	17	18	19	20	21	22	23	24	25	26	27	28	29	30	31

MEETING TOPIC:

ACTION ITEMS	NOTES

SUN	MON	TUE	WED	THU	FRI	SAT

JAN	FEB	MAR	APR	MAY	JUN	JUL	AUG	SEP	OCT	NOV	DEC

1	2	3	4	5	6	7	8	9	10	11	12	13	14	15	16	17	18	19	20	21	22	23	24	25	26	27	28	29	30	31

MEETING TOPIC:

ACTION ITEMS	NOTES

				14
6		9		28
			5	18
3	1	8		20
				24
19	21	25	25	24

Try to fill in the missing numbers.

The missing numbers are integers between 1 and 9.
The numbers in each row add up to totals to the right.
The numbers in each column add up to the totals along the bottom.
The diagonal lines also add up the totals to the right.

SUN	MON	TUE	WED	THU	FRI	SAT

JAN	FEB	MAR	APR	MAY	JUN	JUL	AUG	SEP	OCT	NOV	DEC

1	2	3	4	5	6	7	8	9	10	11	12	13	14	15	16	17	18	19	20	21	22	23	24	25	26	27	28	29	30	31

MEETING TOPIC:

ACTION ITEMS	NOTES

SUN	MON	TUE	WED	THU	FRI	SAT

JAN	FEB	MAR	APR	MAY	JUN	JUL	AUG	SEP	OCT	NOV	DEC

1	2	3	4	5	6	7	8	9	10	11	12	13	14	15	16	17	18	19	20	21	22	23	24	25	26	27	28	29	30	31

MEETING TOPIC:

ACTION ITEMS	NOTES

SUN							MON						TUE						WED							THU					FRI				SAT		
JAN	FEB	MAR	APR	MAY	JUN	JUL	AUG	SEP	OCT	NOV	DEC																									
1	2	3	4	5	6	7	8	9	10	11	12	13	14	15	16	17	18	19	20	21	22	23	24	25	26	27	28	29	30	31						

MEETING TOPIC:

ACTION ITEMS	NOTES

SUN	MON	TUE	WED	THU	FRI	SAT

JAN	FEB	MAR	APR	MAY	JUN	JUL	AUG	SEP	OCT	NOV	DEC

1	2	3	4	5	6	7	8	9	10	11	12	13	14	15	16	17	18	19	20	21	22	23	24	25	26	27	28	29	30	31

MEETING TOPIC:

ACTION ITEMS	NOTES

I like work; it fascinates me. I can sit and look at it for hours.

-Jerome K. Jerome

SUN				MON				TUE					WED				THU					FRI				SAT			
JAN		FEB		MAR			APR		MAY			JUN		JUL		AUG			SEP		OCT			NOV		DEC				
1	2	3	4	5	6	7	8	9	10	11	12	13	14	15	16	17	18	19	20	21	22	23	24	25	26	27	28	29	30	31

MEETING TOPIC:

ACTION ITEMS	NOTES

Conquista del Espacio y Expansión Interplanetaria

SUN	MON	TUE	WED	THU	FRI	SAT

JAN	FEB	MAR	APR	MAY	JUN	JUL	AUG	SEP	OCT	NOV	DEC

1	2	3	4	5	6	7	8	9	10	11	12	13	14	15	16	17	18	19	20	21	22	23	24	25	26	27	28	29	30	31

MEETING TOPIC:

ACTION ITEMS	NOTES

SUN	MON	TUE	WED	THU	FRI	SAT

JAN	FEB	MAR	APR	MAY	JUN	JUL	AUG	SEP	OCT	NOV	DEC

1	2	3	4	5	6	7	8	9	10	11	12	13	14	15	16	17	18	19	20	21	22	23	24	25	26	27	28	29	30	31

MEETING TOPIC:

ACTION ITEMS	NOTES

SUN	MON	TUE	WED	THU	FRI	SAT

JAN	FEB	MAR	APR	MAY	JUN	JUL	AUG	SEP	OCT	NOV	DEC

1	2	3	4	5	6	7	8	9	10	11	12	13	14	15	16	17	18	19	20	21	22	23	24	25	26	27	28	29	30	31

MEETING TOPIC:

ACTION ITEMS	NOTES

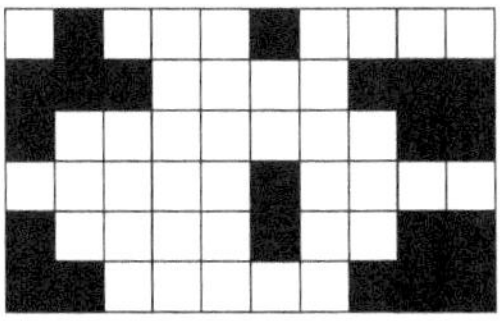

M N T
U E A A
B E D L G
O E E T I N H
I M E L T I S N V T
C B E T H I H A A E

Fallen Phrase

Form words from the vertical list of letters below to solve this puzzle.

For example, the first list of vertical letters is I & C. Place the I or C in the first vertical row of white boxes. The next vertical row is O, M, and B. Place them in the next vertical row of white boxes.

You will begin to see words form horizontally as you play around with the positioning of the letters.

SUN	MON	TUE	WED	THU	FRI	SAT

JAN	FEB	MAR	APR	MAY	JUN	JUL	AUG	SEP	OCT	NOV	DEC

1	2	3	4	5	6	7	8	9	10	11	12	13	14	15	16	17	18	19	20	21	22	23	24	25	26	27	28	29	30	31

MEETING TOPIC:

ACTION ITEMS	NOTES

SUN	MON	TUE	WED	THU	FRI	SAT

JAN	FEB	MAR	APR	MAY	JUN	JUL	AUG	SEP	OCT	NOV	DEC

1	2	3	4	5	6	7	8	9	10	11	12	13	14	15	16	17	18	19	20	21	22	23	24	25	26	27	28	29	30	31

MEETING TOPIC:

ACTION ITEMS	NOTES

SUN	MON	TUE	WED	THU	FRI	SAT

JAN	FEB	MAR	APR	MAY	JUN	JUL	AUG	SEP	OCT	NOV	DEC

1	2	3	4	5	6	7	8	9	10	11	12	13	14	15	16	17	18	19	20	21	22	23	24	25	26	27	28	29	30	31

MEETING TOPIC:

ACTION ITEMS	NOTES

SUN	MON	TUE	WED	THU	FRI	SAT

JAN	FEB	MAR	APR	MAY	JUN	JUL	AUG	SEP	OCT	NOV	DEC

1	2	3	4	5	6	7	8	9	10	11	12	13	14	15	16	17	18	19	20	21	22	23	24	25	26	27	28	29	30	31

MEETING TOPIC:

ACTION ITEMS	NOTES

SUN	MON	TUE	WED	THU	FRI	SAT

JAN	FEB	MAR	APR	MAY	JUN	JUL	AUG	SEP	OCT	NOV	DEC

1	2	3	4	5	6	7	8	9	10	11	12	13	14	15	16	17	18	19	20	21	22	23	24	25	26	27	28	29	30	31

MEETING TOPIC:

ACTION ITEMS	NOTES

SUN	MON	TUE	WED	THU	FRI	SAT

JAN	FEB	MAR	APR	MAY	JUN	JUL	AUG	SEP	OCT	NOV	DEC

1	2	3	4	5	6	7	8	9	10	11	12	13	14	15	16	17	18	19	20	21	22	23	24	25	26	27	28	29	30	31

MEETING TOPIC:

ACTION ITEMS	NOTES

SUN	MON	TUE	WED	THU	FRI	SAT

JAN	FEB	MAR	APR	MAY	JUN	JUL	AUG	SEP	OCT	NOV	DEC

1	2	3	4	5	6	7	8	9	10	11	12	13	14	15	16	17	18	19	20	21	22	23	24	25	26	27	28	29	30	31

MEETING TOPIC:

ACTION ITEMS	NOTES

The first thing a new employee should do on the job is learn to recognize his boss' voice on the phone.

-Martin Buxbaum

SUN	MON	TUE	WED	THU	FRI	SAT

JAN	FEB	MAR	APR	MAY	JUN	JUL	AUG	SEP	OCT	NOV	DEC

1	2	3	4	5	6	7	8	9	10	11	12	13	14	15	16	17	18	19	20	21	22	23	24	25	26	27	28	29	30	31

MEETING TOPIC:

ACTION ITEMS	NOTES

SUN		MON		TUE		WED		THU		FRI		SAT	
JAN	FEB	MAR	APR	MAY	JUN	JUL	AUG	SEP	OCT	NOV	DEC		

1	2	3	4	5	6	7	8	9	10	11	12	13	14	15	16	17	18	19	20	21	22	23	24	25	26	27	28	29	30	31

MEETING TOPIC:

ACTION ITEMS	NOTES

SUN	MON	TUE	WED	THU	FRI	SAT

JAN	FEB	MAR	APR	MAY	JUN	JUL	AUG	SEP	OCT	NOV	DEC

1	2	3	4	5	6	7	8	9	10	11	12	13	14	15	16	17	18	19	20	21	22	23	24	25	26	27	28	29	30	31

MEETING TOPIC:

ACTION ITEMS	NOTES

SUN	MON	TUE	WED	THU	FRI	SAT

JAN	FEB	MAR	APR	MAY	JUN	JUL	AUG	SEP	OCT	NOV	DEC

1	2	3	4	5	6	7	8	9	10	11	12	13	14	15	16	17	18	19	20	21	22	23	24	25	26	27	28	29	30	31

MEETING TOPIC:

ACTION ITEMS	NOTES

	X		2
-		+	
	+		7
-3		5	

Try to fill in the missing numbers

Use the numbers 1 through 4 to complete the equations.

Each number is only used once.

Each row is a math equation. Each column is a math equation.

Remember that multiplication and division are performed before addition and subtraction. (PEMDAS)

SUN	MON	TUE	WED	THU	FRI	SAT

JAN	FEB	MAR	APR	MAY	JUN	JUL	AUG	SEP	OCT	NOV	DEC

1	2	3	4	5	6	7	8	9	10	11	12	13	14	15	16	17	18	19	20	21	22	23	24	25	26	27	28	29	30	31

MEETING TOPIC:

ACTION ITEMS	NOTES

SUN	MON	TUE	WED	THU	FRI	SAT

JAN	FEB	MAR	APR	MAY	JUN	JUL	AUG	SEP	OCT	NOV	DEC

1	2	3	4	5	6	7	8	9	10	11	12	13	14	15	16	17	18	19	20	21	22	23	24	25	26	27	28	29	30	31

MEETING TOPIC:

ACTION ITEMS	NOTES

SUN	MON	TUE	WED	THU	FRI	SAT

JAN	FEB	MAR	APR	MAY	JUN	JUL	AUG	SEP	OCT	NOV	DEC

1	2	3	4	5	6	7	8	9	10	11	12	13	14	15	16	17	18	19	20	21	22	23	24	25	26	27	28	29	30	31

MEETING TOPIC:

ACTION ITEMS	NOTES

Anyone can do any amount of work, provided it isn't the work he's supposed to be doing at that moment.

-Robert Benchley

SUN	MON	TUE	WED	THU	FRI	SAT

JAN	FEB	MAR	APR	MAY	JUN	JUL	AUG	SEP	OCT	NOV	DEC

1	2	3	4	5	6	7	8	9	10	11	12	13	14	15	16	17	18	19	20	21	22	23	24	25	26	27	28	29	30	31

MEETING TOPIC:

ACTION ITEMS	NOTES

SUN	MON	TUE	WED	THU	FRI	SAT

JAN	FEB	MAR	APR	MAY	JUN	JUL	AUG	SEP	OCT	NOV	DEC

1	2	3	4	5	6	7	8	9	10	11	12	13	14	15	16	17	18	19	20	21	22	23	24	25	26	27	28	29	30	31

MEETING TOPIC:

ACTION ITEMS	NOTES

SUN	MON	TUE	WED	THU	FRI	SAT

JAN	FEB	MAR	APR	MAY	JUN	JUL	AUG	SEP	OCT	NOV	DEC

1	2	3	4	5	6	7	8	9	10	11	12	13	14	15	16	17	18	19	20	21	22	23	24	25	26	27	28	29	30	31

MEETING TOPIC:

ACTION ITEMS	NOTES

SUN	MON	TUE	WED	THU	FRI	SAT

JAN	FEB	MAR	APR	MAY	JUN	JUL	AUG	SEP	OCT	NOV	DEC

1	2	3	4	5	6	7	8	9	10	11	12	13	14	15	16	17	18	19	20	21	22	23	24	25	26	27	28	29	30	31

MEETING TOPIC:

ACTION ITEMS	NOTES

Phrase Jumble

Unscramble each of the clue words.

Copy the letters in the numbered cells to other cells with the same number

REACRE (2 1 18 11)

GETNEISM (14 4 6)

MNRAAGE (9 16 5)

ROETKWAM (8 12 10 13 15)

BOJ (7 17 3)

_ _U_ _L_ _ _ _U_ _ _ P_DD_D _ _LL
_ _ _H_U _ D_ _ _

SUN					MON					TUE				WED					THU				FRI				SAT		
JAN			FEB			MAR			APR			MAY			JUN		JUL			AUG			SEP		OCT			NOV		DEC
1	2	3	4	5	6	7	8	9	10	11	12	13	14	15	16	17	18	19	20	21	22	23	24	25	26	27	28	29	30	31

MEETING TOPIC:

ACTION ITEMS	NOTES

SUN	MON	TUE	WED	THU	FRI	SAT

JAN	FEB	MAR	APR	MAY	JUN	JUL	AUG	SEP	OCT	NOV	DEC

1	2	3	4	5	6	7	8	9	10	11	12	13	14	15	16	17	18	19	20	21	22	23	24	25	26	27	28	29	30	31

MEETING TOPIC:

ACTION ITEMS	NOTES

SUN		MON		TUE		WED		THU		FRI		SAT	
JAN	FEB	MAR	APR	MAY	JUN	JUL	AUG	SEP	OCT	NOV	DEC		

1	2	3	4	5	6	7	8	9	10	11	12	13	14	15	16	17	18	19	20	21	22	23	24	25	26	27	28	29	30	31

MEETING TOPIC:

ACTION ITEMS	NOTES

No man goes before his time - unless the boss leaves early.

-Groucho Marx

SUN	MON	TUE	WED	THU	FRI	SAT

JAN	FEB	MAR	APR	MAY	JUN	JUL	AUG	SEP	OCT	NOV	DEC

1	2	3	4	5	6	7	8	9	10	11	12	13	14	15	16	17	18	19	20	21	22	23	24	25	26	27	28	29	30	31

MEETING TOPIC:

ACTION ITEMS	NOTES

SUN	MON	TUE	WED	THU	FRI	SAT

JAN	FEB	MAR	APR	MAY	JUN	JUL	AUG	SEP	OCT	NOV	DEC

1	2	3	4	5	6	7	8	9	10	11	12	13	14	15	16	17	18	19	20	21	22	23	24	25	26	27	28	29	30	31

MEETING TOPIC:

ACTION ITEMS	NOTES

SUN	MON	TUE	WED	THU	FRI	SAT

JAN	FEB	MAR	APR	MAY	JUN	JUL	AUG	SEP	OCT	NOV	DEC

1	2	3	4	5	6	7	8	9	10	11	12	13	14	15	16	17	18	19	20	21	22	23	24	25	26	27	28	29	30	31

MEETING TOPIC:

ACTION ITEMS	NOTES

SUN	MON	TUE	WED	THU	FRI	SAT

JAN	FEB	MAR	APR	MAY	JUN	JUL	AUG	SEP	OCT	NOV	DEC

1	2	3	4	5	6	7	8	9	10	11	12	13	14	15	16	17	18	19	20	21	22	23	24	25	26	27	28	29	30	31

MEETING TOPIC:

ACTION ITEMS

NOTES

SUN	MON	TUE	WED	THU	FRI	SAT

JAN	FEB	MAR	APR	MAY	JUN	JUL	AUG	SEP	OCT	NOV	DEC

1	2	3	4	5	6	7	8	9	10	11	12	13	14	15	16	17	18	19	20	21	22	23	24	25	26	27	28	29	30	31

MEETING TOPIC:

ACTION ITEMS	NOTES

SUN	MON	TUE	WED	THU	FRI	SAT

JAN	FEB	MAR	APR	MAY	JUN	JUL	AUG	SEP	OCT	NOV	DEC

1	2	3	4	5	6	7	8	9	10	11	12	13	14	15	16	17	18	19	20	21	22	23	24	25	26	27	28	29	30	31

MEETING TOPIC:

ACTION ITEMS	NOTES

SUN	MON	TUE	WED	THU	FRI	SAT

JAN	FEB	MAR	APR	MAY	JUN	JUL	AUG	SEP	OCT	NOV	DEC

1	2	3	4	5	6	7	8	9	10	11	12	13	14	15	16	17	18	19	20	21	22	23	24	25	26	27	28	29	30	31

MEETING TOPIC:

ACTION ITEMS	NOTES

SUN	MON	TUE	WED	THU	FRI	SAT

JAN	FEB	MAR	APR	MAY	JUN	JUL	AUG	SEP	OCT	NOV	DEC

1	2	3	4	5	6	7	8	9	10	11	12	13	14	15	16	17	18	19	20	21	22	23	24	25	26	27	28	29	30	31

MEETING TOPIC:

ACTION ITEMS	NOTES

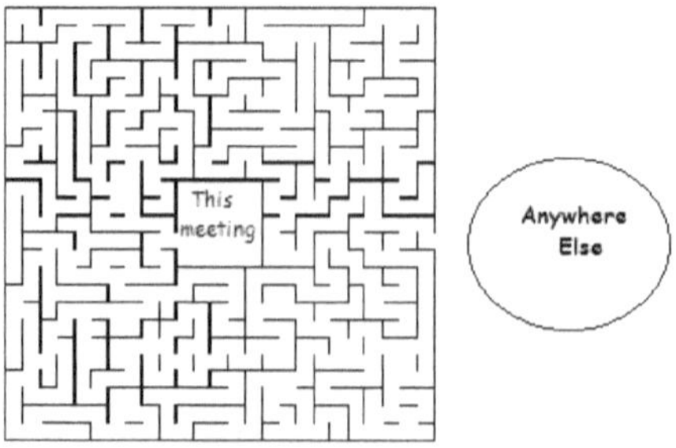

SUN	MON	TUE	WED	THU	FRI	SAT

JAN	FEB	MAR	APR	MAY	JUN	JUL	AUG	SEP	OCT	NOV	DEC

1	2	3	4	5	6	7	8	9	10	11	12	13	14	15	16	17	18	19	20	21	22	23	24	25	26	27	28	29	30	31

MEETING TOPIC:

ACTION ITEMS	NOTES

SUN	MON	TUE	WED	THU	FRI	SAT

JAN	FEB	MAR	APR	MAY	JUN	JUL	AUG	SEP	OCT	NOV	DEC

1	2	3	4	5	6	7	8	9	10	11	12	13	14	15	16	17	18	19	20	21	22	23	24	25	26	27	28	29	30	31

MEETING TOPIC:

ACTION ITEMS	NOTES

SUN	MON	TUE	WED	THU	FRI	SAT

JAN	FEB	MAR	APR	MAY	JUN	JUL	AUG	SEP	OCT	NOV	DEC

1	2	3	4	5	6	7	8	9	10	11	12	13	14	15	16	17	18	19	20	21	22	23	24	25	26	27	28	29	30	31

MEETING TOPIC:

ACTION ITEMS	NOTES

The best way to appreciate your job is to imagine yourself without one.

-Oscar Wilde

SUN		MON		TUE		WED		THU		FRI		SAT	

JAN	FEB	MAR	APR	MAY	JUN	JUL	AUG	SEP	OCT	NOV	DEC

1	2	3	4	5	6	7	8	9	10	11	12	13	14	15	16	17	18	19	20	21	22	23	24	25	26	27	28	29	30	31

MEETING TOPIC:

ACTION ITEMS	NOTES

SUN	MON	TUE	WED	THU	FRI	SAT

JAN	FEB	MAR	APR	MAY	JUN	JUL	AUG	SEP	OCT	NOV	DEC

1	2	3	4	5	6	7	8	9	10	11	12	13	14	15	16	17	18	19	20	21	22	23	24	25	26	27	28	29	30	31

MEETING TOPIC:

ACTION ITEMS	NOTES

SUN	MON	TUE	WED	THU	FRI	SAT

JAN	FEB	MAR	APR	MAY	JUN	JUL	AUG	SEP	OCT	NOV	DEC

1	2	3	4	5	6	7	8	9	10	11	12	13	14	15	16	17	18	19	20	21	22	23	24	25	26	27	28	29	30	31

MEETING TOPIC:

ACTION ITEMS	NOTES

A	B	C	D	E	F	G	H	I	J	K	L	M	N	O	P	Q	R	S	T	U	V	W	X	Y	Z
19			8									16			7										

		M		M							P					D			A			
10	18	16	18	16	5	18	10		17	15	7	18	10	22	15	8	22	20	19	1	1	26

		D		A		D			M			
25	15	8		19	25	8		9	16	22	1	18

SUN	MON	TUE	WED	THU	FRI	SAT

JAN	FEB	MAR	APR	MAY	JUN	JUL	AUG	SEP	OCT	NOV	DEC

1	2	3	4	5	6	7	8	9	10	11	12	13	14	15	16	17	18	19	20	21	22	23	24	25	26	27	28	29	30	31

MEETING TOPIC:

ACTION ITEMS	NOTES

SUN	MON	TUE	WED	THU	FRI	SAT

JAN	FEB	MAR	APR	MAY	JUN	JUL	AUG	SEP	OCT	NOV	DEC

1	2	3	4	5	6	7	8	9	10	11	12	13	14	15	16	17	18	19	20	21	22	23	24	25	26	27	28	29	30	31

MEETING TOPIC:

ACTION ITEMS	NOTES

SUN	MON	TUE	WED	THU	FRI	SAT

JAN	FEB	MAR	APR	MAY	JUN	JUL	AUG	SEP	OCT	NOV	DEC

1	2	3	4	5	6	7	8	9	10	11	12	13	14	15	16	17	18	19	20	21	22	23	24	25	26	27	28	29	30	31

MEETING TOPIC:

ACTION ITEMS	NOTES

SUN		MON		TUE		WED		THU		FRI		SAT	
JAN	FEB	MAR	APR	MAY	JUN	JUL	AUG	SEP	OCT	NOV	DEC		

1	2	3	4	5	6	7	8	9	10	11	12	13	14	15	16	17	18	19	20	21	22	23	24	25	26	27	28	29	30	31

MEETING TOPIC:

ACTION ITEMS	NOTES

If you don't know what to do with many of the papers piled on your desk, stick a dozen colleagues' initials on them and pass them along. When in doubt, route.

-Malcolm S. Forbes

SUN		MON		TUE		WED		THU		FRI		SAT	

JAN	FEB	MAR	APR	MAY	JUN	JUL	AUG	SEP	OCT	NOV	DEC

1	2	3	4	5	6	7	8	9	10	11	12	13	14	15	16	17	18	19	20	21	22	23	24	25	26	27	28	29	30	31

MEETING TOPIC:

ACTION ITEMS	NOTES

SUN	MON	TUE	WED	THU	FRI	SAT

JAN	FEB	MAR	APR	MAY	JUN	JUL	AUG	SEP	OCT	NOV	DEC

1	2	3	4	5	6	7	8	9	10	11	12	13	14	15	16	17	18	19	20	21	22	23	24	25	26	27	28	29	30	31

MEETING TOPIC:

ACTION ITEMS	NOTES

SUN	MON	TUE	WED	THU	FRI	SAT

JAN	FEB	MAR	APR	MAY	JUN	JUL	AUG	SEP	OCT	NOV	DEC

1	2	3	4	5	6	7	8	9	10	11	12	13	14	15	16	17	18	19	20	21	22	23	24	25	26	27	28	29	30	31

MEETING TOPIC:

ACTION ITEMS	NOTES

SUN	MON	TUE	WED	THU	FRI	SAT

JAN	FEB	MAR	APR	MAY	JUN	JUL	AUG	SEP	OCT	NOV	DEC

1	2	3	4	5	6	7	8	9	10	11	12	13	14	15	16	17	18	19	20	21	22	23	24	25	26	27	28	29	30	31

MEETING TOPIC:

ACTION ITEMS	NOTES

SUN	MON	TUE	WED	THU	FRI	SAT

JAN	FEB	MAR	APR	MAY	JUN	JUL	AUG	SEP	OCT	NOV	DEC

1	2	3	4	5	6	7	8	9	10	11	12	13	14	15	16	17	18	19	20	21	22	23	24	25	26	27	28	29	30	31

MEETING TOPIC:

ACTION ITEMS	NOTES

SUN	MON	TUE	WED	THU	FRI	SAT

JAN	FEB	MAR	APR	MAY	JUN	JUL	AUG	SEP	OCT	NOV	DEC

1	2	3	4	5	6	7	8	9	10	11	12	13	14	15	16	17	18	19	20	21	22	23	24	25	26	27	28	29	30	31

MEETING TOPIC:

ACTION ITEMS	NOTES

SUN	MON	TUE	WED	THU	FRI	SAT

JAN	FEB	MAR	APR	MAY	JUN	JUL	AUG	SEP	OCT	NOV	DEC

1	2	3	4	5	6	7	8	9	10	11	12	13	14	15	16	17	18	19	20	21	22	23	24	25	26	27	28	29	30	31

MEETING TOPIC:

ACTION ITEMS	NOTES

Hard work never killed anybody, but why take a chance?

-Edgar Bergen

SUN	MON	TUE	WED	THU	FRI	SAT

JAN	FEB	MAR	APR	MAY	JUN	JUL	AUG	SEP	OCT	NOV	DEC

1	2	3	4	5	6	7	8	9	10	11	12	13	14	15	16	17	18	19	20	21	22	23	24	25	26	27	28	29	30	31

MEETING TOPIC:

ACTION ITEMS	NOTES

SUN	MON	TUE	WED	THU	FRI	SAT

JAN	FEB	MAR	APR	MAY	JUN	JUL	AUG	SEP	OCT	NOV	DEC

1	2	3	4	5	6	7	8	9	10	11	12	13	14	15	16	17	18	19	20	21	22	23	24	25	26	27	28	29	30	31

MEETING TOPIC:

ACTION ITEMS	NOTES

SUN	MON	TUE	WED	THU	FRI	SAT

JAN	FEB	MAR	APR	MAY	JUN	JUL	AUG	SEP	OCT	NOV	DEC

1	2	3	4	5	6	7	8	9	10	11	12	13	14	15	16	17	18	19	20	21	22	23	24	25	26	27	28	29	30	31

MEETING TOPIC:

ACTION ITEMS	NOTES

Try to fill in the missing numbers.

				21
		2		17
3			2	14
	6	3		23
		5		24
17	20	13	28	23

The missing numbers are integers between 1 and 9.
The numbers in each row add up to totals to the right.
The numbers in each column add up to the totals along the bottom.
The diagonal lines also add up the totals to the right.

SUN	MON	TUE	WED	THU	FRI	SAT

JAN	FEB	MAR	APR	MAY	JUN	JUL	AUG	SEP	OCT	NOV	DEC

1	2	3	4	5	6	7	8	9	10	11	12	13	14	15	16	17	18	19	20	21	22	23	24	25	26	27	28	29	30	31

MEETING TOPIC:

ACTION ITEMS	NOTES

SUN	MON	TUE	WED	THU	FRI	SAT

JAN	FEB	MAR	APR	MAY	JUN	JUL	AUG	SEP	OCT	NOV	DEC

1	2	3	4	5	6	7	8	9	10	11	12	13	14	15	16	17	18	19	20	21	22	23	24	25	26	27	28	29	30	31

MEETING TOPIC:

ACTION ITEMS	NOTES

SUN		MON		TUE		WED		THU		FRI		SAT	

JAN	FEB	MAR	APR	MAY	JUN	JUL	AUG	SEP	OCT	NOV	DEC

1	2	3	4	5	6	7	8	9	10	11	12	13	14	15	16	17	18	19	20	21	22	23	24	25	26	27	28	29	30	31

MEETING TOPIC:

ACTION ITEMS	NOTES

What I don't like about office Christmas parties is looking for a job the next day.

-Phyllis Diller

SUN	MON	TUE	WED	THU	FRI	SAT

JAN	FEB	MAR	APR	MAY	JUN	JUL	AUG	SEP	OCT	NOV	DEC

1	2	3	4	5	6	7	8	9	10	11	12	13	14	15	16	17	18	19	20	21	22	23	24	25	26	27	28	29	30	31

MEETING TOPIC:

ACTION ITEMS	NOTES

SUN	MON	TUE	WED	THU	FRI	SAT

JAN	FEB	MAR	APR	MAY	JUN	JUL	AUG	SEP	OCT	NOV	DEC

1	2	3	4	5	6	7	8	9	10	11	12	13	14	15	16	17	18	19	20	21	22	23	24	25	26	27	28	29	30	31

MEETING TOPIC:

ACTION ITEMS	NOTES

SUN	MON	TUE	WED	THU	FRI	SAT

JAN	FEB	MAR	APR	MAY	JUN	JUL	AUG	SEP	OCT	NOV	DEC

1	2	3	4	5	6	7	8	9	10	11	12	13	14	15	16	17	18	19	20	21	22	23	24	25	26	27	28	29	30	31

MEETING TOPIC:

ACTION ITEMS	NOTES

SUN	MON	TUE	WED	THU	FRI	SAT

JAN	FEB	MAR	APR	MAY	JUN	JUL	AUG	SEP	OCT	NOV	DEC

1	2	3	4	5	6	7	8	9	10	11	12	13	14	15	16	17	18	19	20	21	22	23	24	25	26	27	28	29	30	31

MEETING TOPIC:

ACTION ITEMS	NOTES

SUN	MON	TUE	WED	THU	FRI	SAT

JAN	FEB	MAR	APR	MAY	JUN	JUL	AUG	SEP	OCT	NOV	DEC

1	2	3	4	5	6	7	8	9	10	11	12	13	14	15	16	17	18	19	20	21	22	23	24	25	26	27	28	29	30	31

MEETING TOPIC:

ACTION ITEMS	NOTES

SUN	MON	TUE	WED	THU	FRI	SAT

JAN	FEB	MAR	APR	MAY	JUN	JUL	AUG	SEP	OCT	NOV	DEC

1	2	3	4	5	6	7	8	9	10	11	12	13	14	15	16	17	18	19	20	21	22	23	24	25	26	27	28	29	30	31

MEETING TOPIC:

ACTION ITEMS	NOTES

If you think your boss is stupid, remember: you wouldn't have a job if he was any smarter.

-John Gotti

SUN	MON	TUE	WED	THU	FRI	SAT

JAN	FEB	MAR	APR	MAY	JUN	JUL	AUG	SEP	OCT	NOV	DEC

1	2	3	4	5	6	7	8	9	10	11	12	13	14	15	16	17	18	19	20	21	22	23	24	25	26	27	28	29	30	31

MEETING TOPIC:

ACTION ITEMS	NOTES

SUN	MON	TUE	WED	THU	FRI	SAT

JAN	FEB	MAR	APR	MAY	JUN	JUL	AUG	SEP	OCT	NOV	DEC

1	2	3	4	5	6	7	8	9	10	11	12	13	14	15	16	17	18	19	20	21	22	23	24	25	26	27	28	29	30	31

MEETING TOPIC:

ACTION ITEMS	NOTES

SUN	MON	TUE	WED	THU	FRI	SAT

JAN	FEB	MAR	APR	MAY	JUN	JUL	AUG	SEP	OCT	NOV	DEC

1	2	3	4	5	6	7	8	9	10	11	12	13	14	15	16	17	18	19	20	21	22	23	24	25	26	27	28	29	30	31

MEETING TOPIC:

ACTION ITEMS	NOTES

SUN	MON	TUE	WED	THU	FRI	SAT

JAN	FEB	MAR	APR	MAY	JUN	JUL	AUG	SEP	OCT	NOV	DEC

1	2	3	4	5	6	7	8	9	10	11	12	13	14	15	16	17	18	19	20	21	22	23	24	25	26	27	28	29	30	31

MEETING TOPIC:

ACTION ITEMS	NOTES

SUN	MON	TUE	WED	THU	FRI	SAT

JAN	FEB	MAR	APR	MAY	JUN	JUL	AUG	SEP	OCT	NOV	DEC

1	2	3	4	5	6	7	8	9	10	11	12	13	14	15	16	17	18	19	20	21	22	23	24	25	26	27	28	29	30	31

MEETING TOPIC:

ACTION ITEMS	NOTES

SUN	MON	TUE	WED	THU	FRI	SAT

JAN	FEB	MAR	APR	MAY	JUN	JUL	AUG	SEP	OCT	NOV	DEC

1	2	3	4	5	6	7	8	9	10	11	12	13	14	15	16	17	18	19	20	21	22	23	24	25	26	27	28	29	30	31

MEETING TOPIC:

ACTION ITEMS	NOTES

SUN	MON	TUE	WED	THU	FRI	SAT

JAN	FEB	MAR	APR	MAY	JUN	JUL	AUG	SEP	OCT	NOV	DEC

1	2	3	4	5	6	7	8	9	10	11	12	13	14	15	16	17	18	19	20	21	22	23	24	25	26	27	28	29	30	31

MEETING TOPIC:

ACTION ITEMS	NOTES

Every day I get up and look through the Forbes list of the richest people in America. If I'm not there, I go to work.

-Robert Orben

SUN	MON	TUE	WED	THU	FRI	SAT

JAN	FEB	MAR	APR	MAY	JUN	JUL	AUG	SEP	OCT	NOV	DEC

1	2	3	4	5	6	7	8	9	10	11	12	13	14	15	16	17	18	19	20	21	22	23	24	25	26	27	28	29	30	31

MEETING TOPIC:

ACTION ITEMS	NOTES

SUN	MON	TUE	WED	THU	FRI	SAT

JAN	FEB	MAR	APR	MAY	JUN	JUL	AUG	SEP	OCT	NOV	DEC

1	2	3	4	5	6	7	8	9	10	11	12	13	14	15	16	17	18	19	20	21	22	23	24	25	26	27	28	29	30	31

MEETING TOPIC:

ACTION ITEMS	NOTES

SUN	MON	TUE	WED	THU	FRI	SAT

JAN	FEB	MAR	APR	MAY	JUN	JUL	AUG	SEP	OCT	NOV	DEC

1	2	3	4	5	6	7	8	9	10	11	12	13	14	15	16	17	18	19	20	21	22	23	24	25	26	27	28	29	30	31

MEETING TOPIC:

ACTION ITEMS	NOTES

SUN		MON		TUE		WED		THU		FRI		SAT	
JAN	FEB	MAR	APR	MAY	JUN	JUL	AUG	SEP	OCT	NOV	DEC		

1	2	3	4	5	6	7	8	9	10	11	12	13	14	15	16	17	18	19	20	21	22	23	24	25	26	27	28	29	30	31

MEETING TOPIC:

ACTION ITEMS	NOTES

A	B	C	D	E	F	G	H	I	J	K	L	M	N	O	P	Q	R	S	T	U	V	W	X	Y	Z
			20										12				14	22							

A MEETING IS AN EVENT WHERE
10 15 9 9 26 18 12 4 18 22 10 12 9 17 9 12 26 5 16 9 14 9
MINUTES ARE KEPT AND HOURS
15 18 12 25 26 9 22 10 14 9 23 9 24 26 10 12 20 16 8 25 14 22
ARE LOST.
10 14 9 1 8 22 26

				14
6	9	9	4	28
6	2	5	5	18
3	1	8	8	20
4	9	3	8	24
19	21	25	25	24

I	■	B	E	T	■	T	H	A	T
■	■	■	T	H	I	S	■	■	■
■	M	E	E	T	I	N	G	■	■
C	O	U	L	D	■	H	A	V	E
■	B	E	E	N	■	A	N	■	■
■	■	E	M	A	I	L	■	■	■
			M	N		T			
		U	E	A		A			
		B	E	D		L	G		
	O	E	E	T	I	N	H		
I	M	E	L	T	I	S	N	V	T
C	B	E	T	H	I	H	A	A	E

1	×	2	2
-	■	+	
4	+	3	7
-3		5	

				21
5	1	2	9	17
3	6	3	2	14
6	6	3	8	23
3	7	5	9	24
17	20	13	28	23

REACRE CAREER
2 1 18 11

GETNEISM MEETINGS
14 4 6

MNRAAGE MANAGER
9 16 5

ROETKWAM TEAMWORK
8 12 10 13 15

BOJ JOB
7 17 3

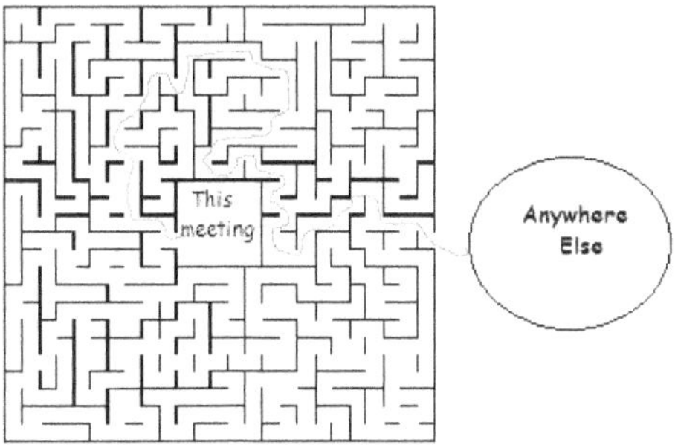

A CUBICLE IS JUST A PADDED CELL
1 2 3 4 2 5 4 6 7 6 8 9 10 11 2 12
WITHOUT A DOOR
13 4 14 15 8 16 17 15 18

A	B	C	D	E	F	G	H	I	J	K	L	M	N	O	P	Q	R	S	T	U	V	W	X	Y	Z
19			8									16			7										

REMEMBER TO PERIODICALLY
10 18 16 18 16 5 18 10 17 15 7 18 10 22 15 8 22 20 19 1 1 26
NOD AND SMILE
25 15 8 19 25 8 9 16 22 1 18

www.ingramcontent.com/pod-product-compliance
Lightning Source LLC
Chambersburg PA
CBHW072202170526
45158CB00004BB/1739
* 9 7 8 1 0 8 9 9 5 0 9 7 4 *